AF377212

SOUVENIR

DE

L'ADRESSE DE FÉLICITATIONS

PRÉSENTÉE

à **M. PAUL DUPONT**

A L'OCCASION DE SA NOMINATION

COMME

ADMINISTRATEUR-DIRECTEUR

DE LA SOCIÉTÉ ANONYME D'IMPRIMERIE ET LIBRAIRIE ADMINISTRATIVES
ET DES CHEMINS DE FER

—

3 avril 1880

PARIS

SOCIÉTÉ ANONYME D'IMPRIMERIE ET LIBRAIRIE ADMINISTRATIVES
ET DES CHEMINS DE FER
PAUL DUPONT, Directeur
41, RUE JEAN-JACQUES-ROUSSEAU, 41 (HOTEL DES FERMES)

—

1880

SOUVENIR

DE

L'ADRESSE DE FÉLICITATIONS

PRÉSENTÉE

à M. PAUL DUPONT

À L'OCCASION DE SA NOMINATION

COMME

ADMINISTRATEUR-DIRECTEUR

DE LA SOCIÉTÉ ANONYME D'IMPRIMERIE ET LIBRAIRIE ADMINISTRATIVES

ET DES CHEMINS DE FER

3 avril 1880

PARIS

SOCIÉTÉ ANONYME D'IMPRIMERIE ET LIBRAIRIE ADMINISTRATIVES

ET DES CHEMINS DE FER

PAUL DUPONT, Directeur

41, RUE JEAN-JACQUES-ROUSSEAU, 41 (HOTEL DES FERMES)

1880

SOUVENIR

DE

L'ADRESSE DE FÉLICITATIONS

PRÉSENTÉE

à M. PAUL DUPONT

le 3 avril 1880

Le jeudi 25 mars 1880, les Actionnaires de la Société anonyme d'Imprimerie et Librairie administratives et des chemins de fer se réunissaient en Assemblée Générale, au siège de la Société, rue Jean-Jacques-Rousseau.

Après avoir rendu un juste hommage à la mémoire de M. PAUL DUPONT père, dont la perte encore toute récente laissait au cœur de tous d'unanimes et sincères regrets, après avoir retracé par de touchantes paroles les services constants de ce travailleur infatigable, dont l'intelligence marcha toujours en avant sans que sa confiance pût être un seul instant ébranlée par les difficultés de chaque jour, le Rapporteur annonce à l'Assemblée que le Conseil d'Administration avait fait homologuer par une ordonnance de M. le Président du Tribunal civil de la Seine, la nomination provisoire de M. Paul Dupont fils comme Directeur jusqu'au 25 mars 1880.

Une nouvelle résolution de ce Conseil, dictée par un double sentiment de respect pour l'honorable défunt et de confiance pour son fils, fut soumise à la sanction de l'Assemblée Générale pour la nomination définitive de M. Paul Dupont fils aux fonctions d'Administrateur-Directeur.

Cette résolution fut acclamée par l'unanimité des suffrages, et la nouvelle, répandue aussitôt dans les bureaux et dans les ateliers de Paris et de Clichy, y fut accueillie par une satisfaction générale : chacun se félicitait d'avoir pour Directeur le fils estimé du vénéré M. Paul Dupont.

Un représentant de la Maison de Paris eut la pensée de traduire cette satisfaction générale en une Adresse de félicitations qui serait présentée au nouveau Directeur, revêtue des signatures de tout le personnel des Établissements de Paris et de Clichy.

Sa tâche lui fut facile : il rencontra tout d'abord un empressé et dévoué concours auprès de MM. Gazano, secrétaire général, Neyry, directeur, Pétrey, prote de l'établissement de Clichy, Grunbert et Lefèvre, prote et sous-prote de l'établissement de Paris, Debès, Huguet, Lévy et Vincent, représentants, Cany, correcteur, ainsi que chez tous les chefs de service.

Des listes furent immédiatement mises en circulation dans les bureaux et ateliers des deux Établissements, et en moins de trois heures, elles furent remplies.

Cette manifestation spontanée, cet empressement n'étonneront personne; M. Dupont fils avait, depuis longtemps déjà, su acquérir l'estime et la confiance de tous.

Le samedi 3 avril, une délégation composée de trente-trois Membres se présentait au bureau du nouvel Administrateur-Directeur.

Le promoteur fut chargé par la Délégation de la remise de l'Adresse.

La Délégation était ainsi composée :

DÉLÉGATION

MM.

BARON,	Chef de la Fonderie.	Clichy.
BERGERON,	Chef de la Lithographie	Clichy.
BERTHELOT,	Chef de la Comptabilité	Paris.
BERTHIER,	Chef du Façonnage	Paris.
BRANLE,	Chef du Façonnage	Clichy.
CANY,	Chef Correcteur	Paris.
DEBÈS,	Représentant.	Paris.
FOUREUR,	Contrôleur.	Paris.
GAZANO,	Secrétaire général	Paris.
GINEYS,	Compositeur	Paris.
GODEFROY,	Caissier	Paris.
GRIVEAU,	Chef des Travaux.	Clichy.
GRUNBERT,	Prote de l'Établissement de	Paris.

MM.

HUGUET,	Représentant.	Paris.
KAUFFMANN,	Représentant.	Paris.
KIÉSELÉ,	Chef des Machines	Clichy.
LEFÈVRE,	Sous-Prote de l'Établissement de	Paris.
LÉVY,	Représentant.	Paris.
Mme MADINIER,	Chef de la Réglure	Paris.
MOUSSON,	Chef des Imprimés	Clichy.
NEYRY,	Directeur de l'Établissement de.	Clichy.
PÉTREY,	Prote de l'Établissement de . .	Clichy.
RAS (A.),	Compositeur	Paris.
RAVAGÉ,	Chef de la Comptabilité	Paris.
RENARD,	Chef des Machines	Paris.
SARRAN,	Facturier.	Paris.
SAUCIAS,	Chef de la Reliure.	Clichy.
SÉRIS,	Chef de la Librairie	Paris.
SERPH,	Chef de l'Économat.	Paris.
SIMONI,	Chef du Numérotage	Clichy.
WARLUS,	Chef de la Reliure.	Paris.
VILLETTE,	Docteur-Médecin	Paris
VINCENT,	Représentant.	Clichy.

M. Kauffmann, au nom de tous, s'exprima ainsi :

« Monsieur PAUL DUPONT,

« Monsieur l'ADMINISTRATEUR-DIRECTEUR.

« C'est avec un sentiment d'orgueil dont je ne me
« défends pas que j'ai accepté la mission qui vient de m'être

« confiée par les Délégués qui sont devant vous. Je ne
« m'attendais pas à semblable honneur et peut-être ne
« m'exprimerai-je pas comme je le voudrais pour vous
« remettre cette Adresse, revêtue de 860 signatures, c'est-
« à-dire, signée par tout le personnel, sans exception
« aucune, des deux Établissements que vous dirigez.

« Néanmoins, il me sera facile de vous témoigner avec
« le cœur, si l'émotion devait affaiblir mes paroles, la vive
« et sincère satisfaction éprouvée par nous tous à la nou-
« velle de votre nomination définitive comme Directeur de
« a Société. L'unanimité constatée sur ces feuilles n'a
« rien qui doive vous surprendre, Monsieur le Directeur,
« car depuis longtemps, comme j'ai eu l'honneur de vous
« le dire dans une autre circonstance, vous avez su con-
« quérir toutes les sympathies. Cette unanimité est la con-
« firmation, s'il en était besoin, de celle qui s'est produite
« à l'Assemblée Générale du 25 mars, pour vous maintenir
« au rang élevé que vous avez si dignement occupé provi-
« soirement.

« Choisi par mes Collègues, je suis particulièrement le
« Représentant délégué pour vous dire la satisfaction avec
« laquelle la Clientèle des deux Établissements vous en a
« vu prendre la haute direction. Mais j'ai tenu à les voir

« à mes côtés pour vous confirmer les témoignages de
« sympathie qui nous sont venus du dehors.

« Voici, Monsieur le Directeur, l'Adresse que je suis
« heureux de vous remettre :

« A MONSIEUR PAUL DUPONT,

« *Permettez-nous, Monsieur et cher Directeur, de vous*
« *témoigner combien nous sommes heureux de votre*
« *nomination d'Administrateur-Directeur de la Société,*
« *en remplacement de votre digne et regretté père.*

« *Le Personnel de Paris et de Clichy, représenté ici*
« *par ses Mandataires, vous adresse ses vives et sincères*
« *félicitations, en vous priant de vouloir bien agréer*
« *l'assurance de son profond dévouement.* »

M. Paul Dupont, profondément touché d'une manifestation
si unanime de son personnel, répondit en ces termes :

« Messieurs,

« Je vous remercie des marques de sympathie et
« d'estime qui viennent de m'être exprimées. Croyez que je

« suis très heureux de cette nouvelle preuve de votre
« dévouement. Mais, courbé sous le poids de la grande
« douleur que je viens de ressentir, je ne puis comme je le
« voudrais vous témoigner en ce moment toute ma recon-
« naissance:

« Croyez que tous mes efforts tendront à ne rien oublier,
« ni des sentiments que vous me manifestez, ni des
« services que vous rendrez à la Société. Je m'efforcerai
« d'être juste envers tous, soyez-en assurés.

« Soyez aussi certains que votre Directeur ne négligera
« rien pour la prospérité de la Maison, afin que vous-
« mêmes vous soyez satisfaits, car, je le vois, je puis
« compter sur votre bon concours pour rendre ma tâche
« plus facile.

« Merci, Messieurs. Veuillez être mes interprètes auprès
« de tous pour exprimer la satisfaction que j'éprouve d'être
« à la tête d'un personnel aussi méritant, aussi dévoué. »

Puis, apercevant parmi les délégués les deux plus
anciens serviteurs de la Maison, MM. Ras (A.) et Gineys,
qu'une délicate attention des Ouvriers avait nommés pour
les représenter, M. PAUL DUPONT leur dit :

« C'est à vous, Messieurs, que je dois les premiers pas
« faits dans l'atelier; c'est à vous que je dois le manie-

« ment du composteur et la connaissance du travail
« typographique. Merci, Messieurs, merci. »

Et, serrant la main de chacun, M. Paul Dupont dit au revoir aux Délégués qui se retirent enchantés, emportant le meilleur souvenir de l'accueil simple et gracieux de leur nouvel Administrateur-Directeur.

SUIVENT LES SIGNATURES DE TOUT LE PERSONNEL DE PARIS ET CLICHY.

Établissement de Paris.

SECRÉTARIAT.

MM. GAZANO, Secrétaire général.
PROST, Secrétaire.
FOUREUR, Contrôleur.
DEBÈS.
GODEFROY, Caissier.

Établissement de Clichy.

DIRECTION.

MM. NEYRY, Directeur.
A. CONSALVI, Caissier.
BUGNARD.
BOURGOIS.
ÉTIÉVANT.
MOUGIN.
GUILLAUME, Économe.

Établissement de Paris.

BUREAU DES PROTES ET DES REPRÉSENTANTS.

MM. G. GRUNBERT, Prote.
L. LEFÈVRE. Sous-Prote.

MM. H. KAUFFMANN, Représentant.
DEBÈS, Représentant.
HUGUET, Représentant.
LÉVY, Représentant.
VINCENT, Représentant.
SARRAN, Facturier.
LALOURCEY, Facturier.
VUILLEMOT, Inscripteur.
MATHIEU, Dépôt.
VIGNEROLLES, Classeur.
A DURIO.

Établissement de Clichy.

BUREAU DU PROTE.

MM. E. PÉTREY, Prote.
GRIVEAU, Chef des travaux.
L. GARDÉ, Facturier.
JEANNIN, Inscripteur.
CH. VERNEUIL, Facturier.
CANSIER.

Établissement de Paris.

COMPTABILITÉ.

MM. A. RAVAGÉ, Chef de la Comptabilité (Paris).
BERTHOLOT, Chef de la Comptabilité (Province).
ALIX.
P. PRAT.

MM. ROUCOUT.
    RAUDIER.
    E. ROUSSEAU.
    L. RIANT.
    BALESTE.
    HAYAU.
    WROVOST.
    H. CHEVALIER.
    A. LUCIANI.
    ED. DE SAINT-LAURENT.
    F. HUMBERT.
    A. RÉMY.
    DESCHAMPS.
    VERREY.

Établissement de Paris.

LIBRAIRIE.

MM. SÉRIS, Chef de la Librairie.
    CHAMPEAUX.
    F. MAGNIN.
    A. SALVAT.
    G. GAULON.
    LUD. HILBOLD.
    E. EXCELLENT.
    A. CHAMPY.
    E. MÉGARD.
    CH. CAPRON.
    E. BROUILLET.

Établissement de Paris.

Économat.

MM. E. SERPH, Chef de l'Économat.
CHAUMER.
CH. ALLEMAND.
E. MOUSSON.
LAMBERMONT.
RERGNAT.
ROUGÉ.
CHAMINARD.
CHIGNAGUÉ.
STOUFF.
ROQUES.
GUÉRIN.
DUMAX.
F. MORTELMANS.
RODIÈRE.
MARGUE.
ROMEZ.
D'ABZACQ.
QUILICI.
FRANTZ.
BOUSSUGES.
LAMOLLE.

Etablissement de Clichy.

LIBRAIRIE.

MM. A. PARIZOT.
C. HOURDIN.
BARRÉ.
CAJON.
ED. LECERF.

Établissement de Paris.

IMPRIMÉS MILITAIRES.

MM. DU BLED, Chef.
P. DESFEUX.
AUGÉ.

Établissement de Clichy.

DÉPOT D'IMPRIMÉS. — PRÉFETS.

MM. MOUSSON, Chef du service.
A. LALUNE, Employé.
E. MASSY, Employé.
LENGLET, Employé.
LINARD, Employé.
BENEDETTI.
J.-D. RAMAGE.

Etablissement de Clichy.

Correcteurs.

MM. CH. GAENSLI, Chef.
MARCHAND.
DUVAL.
ROCHE.
LECERF.
VILLEFRANCHE.
L. MARCHAIS.
H. PENIN.
HANIER.
SCHWARTZ.

Établissement de Paris.

Correcteurs.

MM. G. CANY, Chef.
GROS.
TOREL.
SOMMER.
VANDERMEERSCH.

Établissement de Paris.

Compositeurs.

MM. A. HENRY, Metteur en pages.
F. HENRY,   »

MM. BLANCHARD.

FAUCHEUX.

BERNARD.

A. LEGRAND.

ROUSSEAU.

T. TÉRON.

G. AUBRY.

BONNERON.

A. VAUTHIER.

VANIER.

PELLETIER.

A. COUTIN, Metteur en pages.

NOLLEZ.

G. TONNEAUD.

P. CHENAIS.

GINEYS.

BERNARD.

GOSSET.

A. ANDRILLON.

L. PAUMIER.

G. HENNEQUE.

G. ANDRÉ.

GEORGES Henry, Metteur en pages.

PRALON.

GEORGES Louis.

JACQUEMARD.

MAÈNE.

POUSSAINT.

BROQUET.

A. MAÈNE.

MM. BORD.

GIRE, Metteur en pages.

DAGUET.

TISSIER.

BRÉCHON.

G. MAINLEVELLE.

LOCHET.

DEBÈS fils, Metteur en pages.

M. DOUVRANDEL.

A. LEFÈVRE.

A. VIAL.

E. MANOURY.

E. ROCHER.

JACOB.

EDLER.

BARRAT.

GERVAISEAU.

LAURENT.

A. RAS

DENOUAULT

Ch. RAS, Metteur en pages.

ALPHÉE.

MEYER.

T. LAPIERRE.

G. SQUÉVILLE.

MEAUX, Metteur en pages.

DEVAUX.

DUDILLEUX.

DESANT.

LUÇON.

MM. LEGON.
CAZENAVE.
STRAUSS.
BACLE.
PETITJEAN.
ALBERT.
LEMEUNIER.
DEVAUCHER.
BONS.
OTTOLINI.
CHARPENTIER.
J. MERVILLE.
AULIN.
DILY.
H. ROLIN, Metteur en pages.
MATTOT,   »
PELLETIER.
MATTOT fils.
MARY.
A. NICOLAS.
GUERBERT.
MAJOREL.
DEGEORGE.
AMETTE.
MORHANGE.

Établissement de Clichy.

COMPOSITION. — FEMMES.

Mlle BERTHE PIERRE, Metteur en pages.

Mlles MARGUERITE LEFRÈRE, Metteur en pages.

MARIE PIERRE.

M. EUSTORGE.

L. CONSALVI.

C. MARTIN.

B. BEAUNE.

C. PICOT.

A. JACQUEL.

V. MARTIN.

M. RAIMOND.

G. DAUNAY.

V. LIST.

H. HÉLOIR.

P. JOLLIVET.

M. MORITZ.

I. JEANNOT.

A. JEANNOT.

B. LEROY.

J. LEBERCHE.

M. CULOT, Metteur en pages.

G. BAUDROT.

A. SADLER.

E. COULAUD.

B. BLANCHARD.

M. ENGLER.

M. GERWIG.

L. ROLLÈS.

A. FAUCHEUR.

A. GRIMMER.

C. DOUBLUSTEINE.

Mlles G. HENNEBIQUE.

    B. RAAB.

Mmes A. SCHGIER.

    LAURENT.

    L. DEZERVILLE.

    M. MARTIN.

    C. DAIGNEY.

    M. GAUTHIER.

    A. BERGER.

    E. DUMAY.

    A. MARCHAND.

    E. PÉCHARD.

    J. GUILLAUME, Metteur en pages.

    A. LEGRAND.

    A. HÉLOIR.

    A. LARMURIER.

    A.-L. FROMENT.

    GUINGAND.

    CHRÉTIEN.

    RAZY.

    M. DELAFORGE.

    M. GOURDRET.

    SANSON.

    TROCHET.

    DEHAYES.

    E. MICHEL.

    J. SCHGIER.

Etablissement de Clichy.

Compositeurs. — Hommes.

MM. FOURNIOL père, Metteur en pages.
C. FOURNIOL fils.
CRÉPIN.
C. LEFEBVRE.
BOURGEOIS fils.
AUBRY.
O. BATTELET jeune.
A. CAZEAUX.
CHATEL.
LAMOUCHE.
LE GAFF.
DAUSIAS.
C. BATTELET.
E. PLOUVIER.
VOLDOIRE.
REINBOLD.
P. DIZY, Metteur en pages.
H. DIZY.
ROBINE.
G. BELLEMAIN.
F. BOISSON.
A. BONNET.
ONDET, père
ONDET fils.
ARNAUD.
HALIN.

MM. CHOLET.

H. GONTARD.

LEBUGLE, Metteur en pages.

L. BESSAT, Metteur en pages.

J. LOUTZ.

A. NOURY.

PISIER.

LAURENT.

FORMERISGINLIS.

HUBLITZ.

JONESCO.

T. HERVÉ.

HUSSON.

H. MARQUETTE, Metteur en pages.

F. MARQUETTE.

MARQUETTE fils.

CAVELIER.

Cн. MARQUETTE.

TESSIER.

POPOFF.

E. VINCENT.

VANRYCKE.

PLUM.

DENISOT.

L. KUCHARSKI.

E. RAS, Metteur en pages.

H. MONDET.

V. QUINCET.

P. MULOT.

LESAINT.

MM. KAMMER.

HAEGELIN.

LAURENT.

GOBERT.

LECERF.

GUILLEROT.

PEULLIER.

SMEETS.

VALLÉE, Chef de la Réserve et du Matériel.

E. MATHELIN.

GUÉRINOT.

V. BUSSET.

F. THIVEND.

G. LAZZÉ.

P. LHUILLIER.

L. FROMENT.

J. CHRISTIAN.

F. BERENI.

P. GAUTHIER.

BOUTET.

SMEETS,   Apprenti.

BOUDINET,   »

LAGUIGNIER,   »

BOUGLET.   »

DUTERTRE,   »

ANDRÉ,   »

LEFEBVRE.   »

CARRIAT.   »

E. MALO.

DAIGNEY.

MM. L. BAILLON.
H. VALLÉE.
CLAUDE.
FAURE.
RAHM.
LALLEMENT.
SOYER.
N. PORTAL.
L. FUAN.
F. FOUILLEUL.
RIEUX.
GUILLON.
CAFFIN,   Apprenti.
ASSELIN,   »
GUILLEROT,   »

Établissement de Paris.

TIRAGE.

MM. RENARD, Chef.
PALOU.
MOREL.
WILHEM père.
GIRAULT.
RAGUET père.
LEGRAS.
E. WILHEM.
JEANTET.
CH. RAGUET.

MM. A. RODON.
HELY.
GORISSE.
TOUBON.
TROUVÉ.
E. BRASS.
FOURNET.
TEYSSIER.
BOUVET.
DOURNEL.
VAN VRERKRON.
GATBOIS.
POUSSARD.
BERTHELIN.
H. RAGUET.
DE LOSTELOT.
DUMESNIL.
FABRE.
VILLAM.
GARROUZZI.
MUCHET.
DEBÈS.
VITTECOQ.
ROUDIER.
DUMÉNIL.
TANIÈRE.
CLIQUE.
VIELION.
A. CHATENNE.
BORNIER.

MM. DUBREUIL.

Mmes DUVAL.

GEORGETTE.

MM. SCHELLING père.

SCHELLING fils.

BEEL.

BERGERET.

MOUTON.

A. BARBIER.

Etablissement de Clichy.

TIRAGE.

MM. Ch. KIÉSELÉ, Chef.

B. FAURE, Conducteur.

F. STÉBÉ, Conducteur.

MARSOLLIER, Conducteur.

SARTOR fils, Conducteur.

Ch. JACOB, Conducteur.

HARTZ, Conducteur.

SIEGFRIED, Conducteur.

SILVAIN, Conducteur.

HÉLOIR, Conducteur.

H. MÉNARD, Conducteur.

GUILLAUME, Conducteur.

MEUNIER, Conducteur.

BUOLL, Conducteur.

Ch. GAUSSON, Conducteur.

LAPIERRE, Conducteur.

MM. A. FINOT, Conducteur.
BLIN, Conducteur.
KAYSER, Conducteur.
F. KARCHER.
CHRÉTIEN.
SAUVAGE,
MORITZ.
V. HOURDIN.
EUG. SCHOTT, Imprimeur.
A. SCHOTT, Imprimeur.
GAILLARD, Imprimeur.
A. GUILLERMET, Imprimeur.
CHAILLET, Imprimeur.
LECROSNIER, Imprimeur.
CH. DESPREZ, Imprimeur.

MARGEURS ET RECEVEURS.

MM. DUCHENNE.
PERRON.
STÉBÉ.
SIÉGEL.
GILLET.
FRANTZ.
HONORÉ.
DEMOURS.
POTDEVIN.
MERCIER.
DAUBERT.
SAUDER.
LEROY.

MM. VANRYCKE.
L. SCHREINER.
HÉLOIR.
JANY.
GRILL.
SCHLACHTER.
MINET.
BARTHÉLEMY.
JOURDAIN.
PICHEREAU.
VILLOT.
PREVOT.
CAILLOT.
ROSIER.
WANGENEUL.
SCHREINER.
FINOT.
SIMÉON.
FROMOND.
EYRAUD.
WALTER.
DELVAL.
BELLAERT.
BOGNON.
DIDELET.
CAILLET.
BOURGEOIS.
ÉTIÉVANT.
FROMOND.
CHRÉTIEN.

MM. ROSAR.
ESPEZEL.
KELLER.
TOURADE.
CIRTA.
DESFONDS.
BRUNEAU
POTTEMAIN.
BOUTHIER.
BEAUJEAN.
MALO.
GAILLARD.
MARTIN.
LEBOEUF.
Mme CLÉMENT.
GÉRARD.
MEIGNAN.
GRAVOT.
LINCK.
MARQUIER.
LOSSE.
SCHLITER.
RAAB.
GOYER.
LEBREDONCHEL.
KRIQUEBERT.
CHERAMY.
PARIZOT.
LINCK.
HAMEL.

MM. VAUTRIN.
    BRUN.
    DECOLNET.
    PIJOT.

Établissement de Clichy.

LITHOGRAPHIE.

MM. BERGERON, Chef de service.
    VIGNEAU, AMÉDÉE, Écrivain.
    DELDIQUE, Reporteur.
    LESAINT, Conducteur.
    LEFIN, PAUL, Conducteur.
    GAUTHERIN, Gréneur.
    TOURADE, Margeur.
    SCHMITT, Margeur.
    LOUBINOUX, Receveur.
    BALDENBERGER, Receveur.

Établissement de Paris.

LITHOGRAPHIE.

MM. MARSAL, Chef.
    A. VIARD, Sous-Chef.
    LUCIANI.
    VAYSSETTE.
    RAVIO.
    MICHEL PFAU.
    DEVIN.
    PLEMYBANQUE.
    GAGNEUR.

MM. COCQUELET.
 MÉQUIGNA.
 LEMOINE.
 EM. VIARD.
 VUILLAUME.
 EDMOND.
 L. BROUILLET.
 PETIT.
 FRANCFORT.
 PAVARD.
 FRANCFORT.
 FIAMM.
 DECHAMBONAIT.
 A. BRUN.
 BOCHIN.
 COSSARD.
 DEVOS.

Établissement de Paris.

RÉGLURE.

Mmes Vve MADINIER, Chef.
 F. PETIT-BARRAL.
 Jeannette VERHEGEN.
 Thérèse WOLF.
 Marguerite REGARDEBY.
 Annette LEFÈVRE.
 Vve SANITAS.
 Émélie BURET.
 Marie CLAUSSE.
 Joséphine FRÉMIN.

Mme Blanche NOIROT.
MM. PIEDELU, Charles.
D. CAMIER.
André BURILLE.
Arthur MOREL.
Alex. GIRALDON.
Ch. BETREMIEUX.
EDME, Nicolas.

Établissement de Clichy.

Réglure.

MM. MARX.
BRISSEAUD.
PERILLAT.
BALDENBERGER.
DOUBLUSTIENE.
DOUBLUSTIENE.
CHRÉTIEN.
COURBE.
MICHEL.
DUPÈRE.
VILLETROUVÉ.
LEVAUDEL.
ROTTIER.
DUMÉNIL.

Établissement de Clichy.

Façonnage.

M. BRANLE, Chef du service.

MM. PERROUX.
J. BOUDIN.
MOURGUÈS.
POUTOT.
SPINASSOU.
CHARON.
MONET.
P. DAVERTON.
DELAPLACE.
A. BOUDIN.
M. BRANLE.
PETIT.
C. PARISOT.
JENFFER.
I. HUMBERT.
SIMON.
MERCIER.
POMEREL.
FÉLIX.
JASSOMME.
LE BREDONCHEL.
F. SPINASSOU.
F. PREVOT.
B. DAUNAY.
M. DAUNAY.
LECROSNIER.
REBOURS.
JOUOAN.
GUIOMAR.
DORÉ.

MM. BUROT THAROT.
CASSEL.
LACAILLE.
BARBANCEY.
TASSOU.
Élisa LINCK.
Rachel NORMAND.
Octavie BOURGEOIS.
Louise AMELOT.
Maria FAURE.
Marie MULLER.
Mme CARON.
BEDU.
Gabrielle NORMAND.
Mme Ve CHEFFER.
LAMY.
JAUFRE.
J. WALTNER.

Établissement de Paris.

Façonnage.

MM. BERTHIER, Chef du service.
HAREL.
PIERRE.
SINOQUET.
A. FOURMONT,

MM. GIRARD.

BIDORÉ.

CHENAI.

CASANOVE.

COULOMBIER.

MAGIBERT.

T. CATOIS.

Mme COURCIER.

Mlle VANELLE.

Mlle SABATIER.

F^e TIXIER.

F^e RODIÈRE.

Mme CAILLAT.

Mlle COLLOT.

Mlle LINEY.

Mme FAUCHEUX, mère.

Mlle FAUCHEUX.

Mlle S. ODÉ.

Mme BARREAU.

Mlle FOURMONT.

Mlle LEMOINE.

Mlle Blanche REBILIAURE.

E. BARDOT.

F^e CORMIER.

F. DALON.

Marie PETIT.

Mme Ve CHAUVIN.

M. CLOSTRE.

M. ORMELET.

Établissement de Paris.

Reliure.

MM. Henri WARLUS.
Jean DEPAUR.
JANOURKY.
Émélie DUBOIS.
Ernest BOOST.
Jacques VOIN HERNELBY.
Honoré QUARMENT.

Etablissement de Clichy.

Reliure.

MM. C. SAUCIAS, Chef.
CH. JAQUIN.
G. DERMINOT.
A. DUHAMEL.
CH. DELALAING.
A. DELATTRE.
A. DELAPORTE.
H. LE DEVY.
A. LANDIER.
E. VOLARD.
C. QUERCY.
S. LARCHER.
P. SCHOTT.

MM. A. HARDOUIN.

Simon BARON.

Louis COMBE.

V. GENDRET.

V. MARIZ.

F. TABARAND.

GARDIEN.

Paul JABJESKY.

P. PIEL.

Guillaume STOBEL.

Gaston GAMPEL.

Adolphe HUGEL.

CHIRNRINT.

Paul PIJOT.

F. SAUCIAS.

M. FAVRE.

A. DELALAING.

L. LESTRADE.

E. BAZIRE.

Lucie POMPANON.

Eugénie SIÉGEL.

Marguerite HENNENG.

Mme BOULANGER.

Mme LEFRANC.

Mme BERTHET.

Eugénie POMPANON.

HARDOUIN.

CHAUVAS.

Catherine ROBERT.

Mme LYON.

Mᵐᵉ THOMASSET.
Mᵐᵉ PIJOT.
Lysa DELALAING.
Emilie BLAQUIÈRE.
Pauline BOUZY.
Françoise DUCHÊNE.
MM. A BOUZY.
LEROY, Charles.
PERRET, Charles.
SEGLEUX, Jules.
SERPE, Théodore.
GAUDET, Louis.
FROIDURE, Joseph.
CHATILLON, Adolphe.
ROUVILLAIN, Édouard.

Établissement de Clichy.

Fonderie.

MM. BARON, Chef du service.
L. GUILLAUME.
ARNOULD.
BERNARD.
GOUTE.
ANCAERT.
CHARMOND.
CHEVALIER.
BAGNASCONE.
E. BIZOT.

MM. E. HENRI.
CHAVRIÈRE.
DECK.
TH. VOILLEMIN.
I. BURGLÉ.
LURO.
VANSICHELEN.
LÉON.
GESLIN.
CARTEAU.
LÉON.
DROUOT.
REVEL.
MARS.
FENOY.
ARBILLOT.
BERTUZZI.
VUILLEMIN Jeune.
BARON, Pierre.
Mlle Marie PFEND.
Mlle Élisa PFEND.
Mlle Caroline VOILLEMIN.
Mlle Marie FREISY.
Mlle Agnès BRUN.
Mlle Jeanne LAMBERT.
Mme VAUCELLE.
Mme VANTECLAYE.
Mme LAMBERT.
Mme GESLIN.
Mme BAGNASCONE.

Mlle SCHEFFER.
Mme VILLOT.
Mme CORMIER.
Mme LECA.
Mlle DELAFORGES.
Mme POGRIQUET.
Mme ROBINE.
Mme HENRY.
Mlle JANNIN.
Mme CHARREAU.
Mme BIZOT.
Mme PÉGORIER.
Mlle REICHERT.
Mlle CHAMPION.
Mme DUTOUR.

Établissement de Clichy.

Numérotage.

MM. D. SIMONI, Chef du service.
LINCK.
MAZIER.
BRODEAU.
GILLIARD.
A. ROSSI.
PIOLAT.
BEAUFORT.
TARTARINI.
E. FARMACHT.

MM. LESMARETTES.
SENTENAC.
D. LECAT.
GUILY.
VIENNE.
BEAUFORT.
Mme MÉLIORET.
A. RAAB.
H. DEMARLE.
M. DAVERTON.
CHAPPAT.
JORIGNY.
VANDENAVERNE
MANCEAU.
MARCHETTI.
DORUSE.
CHAILLÉ.
L. BOUDIN.
H. BOUDIN.
M. LINCK.
THORAILLER.
VITUGNIER.
HUMBERT.

Établissement de Clichy.

CLICHERIE.

MM. CHAMBRY, Chef de la Clicherie.
E. LAURENT.

MM. DUPONCHELLE.
    NOULEAUX.
    ENGLER.
    LARMURIER.

Établissement de Clichy.

FABRIQUE D'ENCRES.

MM. H. LANUSSI.
    DESFORGES.
    LE CAUDEY.

Établissement de Clichy.

MAGASIN DE PAPIERS.

MM. H. DESCROIX.
    VAIVRE.

Établissement de Clichy.

MÉCANICIENS ET MENUISIERS.

MM. KEMMERLÉ, Mécanicien.
    CHANDON,   »
    BLANCHET, Tourneur.
    BLAISE,   »
    GIVERNE, Repasseur.
    GEORGES, Ajusteur numéroteur.

MM. RAZY, Mécanicien.
    KIRCHOFF, Gazier.
    JEANNOT, Chauffeur.
    J. POURRAT, Chef Mécanicien.
    BERTRAND, Chef Menuisier.
    MARTIN, Emballeur.
    GRAVOT, Menuisier.
    PASCAL, Maçon.

Etablissement de Clichy.

COCHERS ET PIÉTONS.

MM. KIRCHOFF, Chef.
    J. MORITZ.
    BALDENBERGER.
    BOURGEOIS.
    MORITZ fils.
    LESPRAND.
    KIRCHOFF.
    DECOURTY.
    A. DECOURTY.

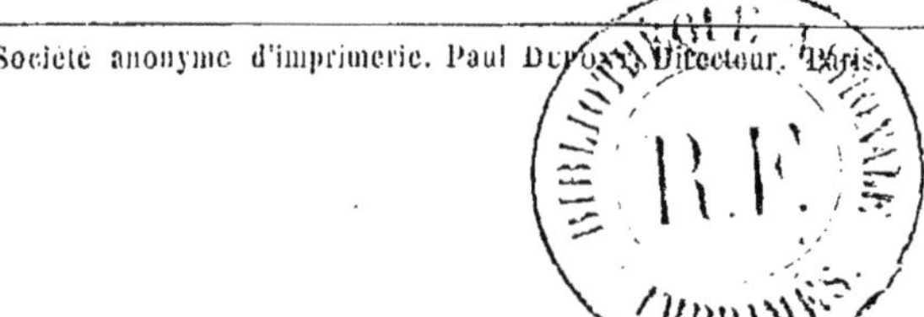

Société anonyme d'imprimerie. Paul Dupont, Directeur. Paris.

34

ELDER 1795
GUTTEMBERG